TAURUS

BELIEVE IN YOUR HEART MOVED.

心の震えを信じろ

牡牛座の君へ贈る言葉

鏡リュウジ
Ryuji Kagami

JN075170

sanctuary books

牡牛座のあなたを輝かせるのは、
自分にとっての「心地よさ」を探す旅。

もっと心地いい場所はどこだろう？
もっと心地いい体験はなんだろう？
もっと心地いい人物は誰だろう？

そう自分に問いかけるたびに、
あなたは本来の自分を取り戻していく。

うれしいこと。
おいしいもの。
気持ちいいこと。
楽しませてくれるもの。
牡牛座のあなたは、
誰よりも「よろこび」に対する嗅覚が鋭い。

だから、
どれだけ情報があふれていても、
あっという間に、
「みんなが大好きなもの」
を発見し、タッチすることができる。

その力をみんなが頼りにしている。

牡牛座には
過去を振り返ってくよくよしたり、
未来を見据えて不安になったりする姿は
似合わない。

―「いま」「ここ」だけに生きる―
という態度こそがあなたを輝かせ、
周囲の人たちにいい影響を与えるだろう。

歩き疲れたら、
裸足になって、
あたたかい芝生の上を歩こう。

話し疲れたら、
窓を大きく開け放って、
たっぷりと新鮮な空気を吸おう。

1秒たりともがまんせず、
欲求に忠実に。

他の人たちは関係ない。
自分の感覚を研ぎ澄ませ。

違和感があるのは、
目か、耳か、肌か、身体の内側か。
それとも心の奥底か。

その違和感を拭い去る
次の行動のために全力を注げ。

あなたにとってのもっと上の人生は、
「よろこび」を求め続けた先にある。

ただそれは
はじめから困難を避けろ、
ということではない。

大きなよろこびを得るためなら
どんな困難でも乗り越える力が
自分にはある。

そう信じられた瞬間、牡牛座は一気に加速する。

牡牛座は、
最後には幸せになることが約束されている星。

だから牡牛座にとっては、
どんな冒険だって、
すべてはハッピーエンドにつながるための
物語の一部なんだ。

遠慮すべきことなんて、何もない。

牡牛座の心の奥底には、
失われた楽園の記憶がある。
その記憶とのずれに気づき、
現実を修正していく力があなたにはある。
欲求を解放しよう。
だらしなさも、みっともなさも、さらけ出そう。
「いま」「ここ」こそが、本当に自由で、幸せな場所
なんだ。そう自分に気づかせるために。

素晴らしい牡牛座の人生を、
さらに輝かせる「感性」と「開放」のために、
35 のヒントとメッセージを贈ります。

牡牛座のあなたが、

もっと自由に
もっと自分らしく生きるために。

TAURUS

CONTENTS

TAURUS

CHAPTER 1

本当の自分に
気づくために

【夢／目標／やる気】

あなたの夢は何か？
やりたいことが見つからないときは？
あなたの心を動かすものは何か？
牡牛座のあなたが、
向かうべき方向はどこだ。

TAURUS

1

夢や目標がないなら
「心地いいこと」を
追いかけよう

「大きな夢や目標を持て」「ワクワクを大事にしろ」「やりたいことは思いっきりやれ」

　自己啓発書にはそんなフレーズが並んでいるけれど、実はピンとこない人も多いのではないだろうか。

　とくに、牡牛座は手の届かない夢や目標には心が動かないから、その傾向が強い。むしろ、やりたいことが見つからない、夢がないことが悩みの人も多い。

　もしあなたもそうなら、「夢」や「目標」を探すのをいったんやめてみよう。「ドキドキ」や「ワクワク」も求めなくていい。

　そのかわりに、「なんとなく気持ちいいな」と思えるもの、「ここ、居心地がいいな」と感じる場所にこだわってみる。

　地の星座である牡牛座は、現実主義で堅実な星座といわれているけれど、心の奥底では「楽園」を求めている。色とりどりの草花が咲きほこり、甘い香りを放つフルーツがたわわに実る豊穣の大地。苦しみがなく穏やかで居心地のいい場所。そういう場所にい続けることが牡牛座の理想なのだ。

　だからやりたいことが見つからないときは、「夢」や「目標」ではなく、自分にとっての「楽園」を探せばいい。

　あなたの身体と心が気持ちいいと感じられるのは何をしているときか。ストレスやプレッシャーがなく、のびのびといられるのはどこか。

　将来につながるものでなくていい。周囲の評価なんて考えなくていい。ささやかなことでもいい。たったいま、「気持ちいい」と感じることを追いかけ、「居心地のいい場所」にい続ければ、その先に、牡牛座の幸せが必ず待っている。

TAURUS

2

あなたには
「センス」がある。
自分の五感を信じよう

頑固、現実主義、安定志向。星占いでこんなふうにいわれることの多い牡牛座。これだけ聞くと地味でおもしろみがないように映るけれど、実は、牡牛座にはもうひとつ重要な特徴がある。

　それは、センスのよさ。愛と美の女神ヴィーナス（金星）を守護神に持つ牡牛座は、美しいものを見分ける力を持っている。視覚、聴覚、嗅覚、味覚、触覚の五感が抜群に優れているから、普通の人にはわからない微妙な良し悪しがわかる。そのセンス、美意識の高さは12星座随一といっていいだろう。

　実際、牡牛座生まれには、歴史に名を残す画家や音楽家、詩人、映画監督など、芸術家やアーティストが数多くいる。

　美しく繊細な詩がいまも人々を惹きつける夭折の詩人・中原中也、世界中の子どもから愛される絵本作家のレオ・レオニ。あるいは、ソフィア・コッポラやウェス・アンダーソンのような映画監督。チャイコフスキー、ブラームスら多数の音楽家。画家も、サルバドール・ダリ、キース・ヘリング……と枚挙にいとまがない。

　しかも、牡牛座は自分のセンスに気がついていない人も多い。たとえば、チャイコフスキーは、法務省の官僚に就職したあと、20歳を過ぎてから音楽の勉強をはじめて、歴史的な作曲家になった。あなただってとてつもない芸術的才能を秘めている可能性がある。

　もちろんだからといって、あなたもアーティストになろう、というわけではない。そのセンスはあらゆる仕事で必要とされるのだ。私生活でも自分の美意識をさまざまなものに反映させていける。

　センスと五感の鋭さは牡牛座の最大の武器。それを臆することなく活用していけば、あなたの人生はこのうえなく豊かなものになるだろう。

TAURUS

3

「やりたくないこと」をまとめていくとやりたいことがわかる

堅実な性格ゆえに、夢や目標、やりたいことをなかなか見つけることができない牡牛座。でも、逆に「やりたくないこと」は感覚でわかる。

　たとえば、あなたには「なんとなく気乗りしない」「うまくいえないけど、やりたくない」と感じることはないだろうか。

　この「なんとなく嫌」は五感が優れ、「快・不快」で動く牡牛座だけが深いところで察知できる感覚。無視して突き進むと、ストレスが溜まって絶対にどこかでクラッシュする。

　だから「やりたくないこと」は全部捨ててしまおう。

　具体的には、「やりたくないことリスト」をつくってみるといい。「絶対にやりたくないこと」はもちろん、「なんとなくやりたくないこと」「やってみたけど違和感のあったこと」まで書きだして、それを進路や仕事、自分の未来から排除していくのだ。

　朝、早起きしたくない。長時間座っていたくない。転勤したくない。満員電車で通いたくない。知らない人と話したくない。ヒールを履きたくない。愛想笑いをしたくない。ノルマに縛られたくない。土日に出勤したくない……。

「やりたくないことはやらない！」なんて、ワガママに思えるかもしれないけれど、気にする必要はない。むしろ、なるべくたくさん「やりたくないこと」をリストアップしよう。それが多ければ多いほど、逆に「やりたいこと」がはっきりと見えてくる。

　なぜなら、牡牛座は心から安心できる環境でこそ、力を発揮できるから。心地いい場所で何かに取り組めば、あなたは絶対に成功できるから。

　目標なんてなくていい。不快なこと、嫌なことがない場所にいること、それこそがあなたの一番「やりたいこと」なのだ。

4

やる気が出ないときは
「ごほうび」を決めて
動き出そう

「所有」の星座である牡牛座。やる気が湧かないときには、その「所有欲」をエネルギーに変えるのもひとつの方法だ。

牡牛座が求める「リアル」とはたしかな手応え。そのことで自分がどうなるか、何を得られるか、にすごく関心がある。だから、何かに取り組むときは、目標を達成することによって、どんな「リターン」があるか考えてみよう。それも、できるだけ具体的に詳細にイメージしよう。

この勉強をすれば、あの資格が取れ、なりたい仕事に就くために有利になる。このプロジェクトを成功させれば、こういうポジションが手に入り、自分が本当にやりたい仕事に取り組める。このトレーニングをがんばれば、理想の身体を手に入れて、憧れの服が着られるようになる。この料理を上手につくれるようになれば、大切な誰かをよろこばせることができる。

こんなふうに、達成したら何が得られるかどんなリターンがあるか、達成した自分の姿を、できるだけ具体的に想像してみよう。

もしそれでも、やる気が起きないときは、自分で「リターン」をつくりだそう。自分で自分にごほうびをあげるのだ。この忙しい1週間をがんばったら、ごちそうを食べにいく。このプロジェクトが成功したら、ずっとほしかった靴を買う。フランス語がしゃべれるようになったら、パリに旅行に行く。毎日のランニングが1カ月続けられたら、大好きなアイドルのライブに行く。

それを恥じる必要はない。牡牛座にとって大事なのは、「いま」「ここ」「手応えを感じられること」。あるかどうかわからない遠くの未来に向かって闇雲に走るのではなく、目の前のニンジンを追いかけ一つひとつ手に入れることで、牡牛座は確実に新しい世界にたどり着ける。新しい自分になれる。

31

5

自分が「ずっと」
大切にしてきたものを
思い出す

牡牛座が本当に求めているもの。それを解く鍵は、やはり、牡牛座の魂の底に刻まれている「楽園」にある。

　幼い頃、人はみんな楽園のような世界を生きている。成長するうちにほとんどの人がその記憶を失ってしまうけれど、牡牛座だけはずっと心のなかにその思い出を持ち続けていて、本当は、いつかこの世界に「自分の楽園」を再現したいと思っているのだ。

　たとえば、あなたはずっと大切にしているものがないだろうか。

　流行が過ぎ去って他のみんなが見向きもしなくなっても、ずっと大好きな音楽。子どもの頃から集め続けているコレクション。子どもの頃から使い続けているブランケット。毎日食べても飽きない大好物。週に何日も通い続けている喫茶店。繰り返し再読しているマンガや小説。大事に使い続けている食器。何年も大切に育てている植物。

　それらは、あなたがこの世界に再現したいと思っている「楽園」の記憶と関係しているかもしれない。

　こういうと、あなたは「それは趣味で、自分の現実生活とは関係ないし、仕事になるものじゃない」というだろう。

　もちろん、直接、それが「やりたいこと」そのものではないかもしれない。

　でも、牡牛座のあなたがずっと好きでいるものには必ず意味がある。ずっと変わらず好きでいるものを、改めて見つめ直してみれば、あなたにとって永遠に失せることのない価値、何ものにも代え難い価値が見えてくる。

　自分にとって本当に大切なことは何か。まず、それに気づくことで、本当にやりたいこと、やるべきことが、少しずつわかってくるはずだ。

その感覚・感情は 世界中の人の心を動かした

ソフィア・コッポラ
Sofia Coppola

1971 年 5 月 14 日生まれ
映画監督・女優

ハリウッドを代表する女性監督。デザイナーやモデルなどを経験し、18 歳で父フランシス監督作品の『ゴッドファーザー PART III』に出演するも、酷評された過去を持つ。

その後は映画をつくる側となり、2003 年公開の『ロスト・イン・トランスレーション』は、ソフィア自身を投影した物語とされており、アカデミー賞脚本賞、ゴールデン・グローブ賞脚本賞などを受賞。映画クリエイターとして不動の地位を築いた。

VOGUE
https://www.vogue.co.jp/tag/sofia-coppola

経験から得た気づきは宝であり、武器となる

ジークムント・フロイト
Sigmund Freud

1856年5月6日生まれ
精神科医・心理学者

貧しかったユダヤ商人の親のもと、モラビア（現在のチェコ）で生まれる。ウィーン大学卒業後は病院勤務や大学講師を経て開業医に。神経症の治療などを行うなかで、人間の心の大部分が無意識であることなどを見出し、独自の精神分析の理論を構築した。従来使われていた催眠治療ではなく、「自由連想法」や「心理性的発達理論」「夢判断」などの理論を提唱し、世界を代表する心理学者となった。

フロイト（著）生松敬三（訳）『フロイト自伝』新潮社　2001 年

TAURUS

CHAPTER 2

自分らしく輝くために

【仕事／役割／長所】

あなたに備えられた才能はなんだろうか？
あなたが最も力を発揮できるのはどんな場所？
あなたが世界に対して果たす役割は何か？
牡牛座のあなたが、最も輝くために。

TAURUS

6

「好き」でも
「お金」でもなく
「リアルな手応え」を

現実主義者といわれる牡牛座。たしかに生活を守りたい気持ちが強い牡牛座は、「好き」というだけで仕事を選んだりはしない。

　でも、だからといって、給料が高い仕事、高待遇の仕事をすればいいわけじゃない。投資や株で大金を稼いでも、実体のないITビジネスの会社で出世しても、牡牛座は満足できない。

　牡牛座が求めている「リアル」は、もっと本質的なものだ。

　たとえば、食べもの、住居、インテリア、衣服、車など、人々の生活に根ざした、きちんとかたちのあるものを扱う仕事をしたら、牡牛座はいきいきと働く。お客さんの反応が直接見えて、生の声を聞けるような環境に身を置くと、もっとがんばれる。

　牡牛座は、機能的な道具や美しい工芸品をつくりあげる職人、おいしい料理、お菓子を生みだすシェフやパティシエ、多くの人々を感動させるアーティストを数多く輩出しているけれど、これも、その「リアル」のありようと無関係じゃない。

　五感がずばぬけている牡牛座は、本当に美しいもの、本当においしいもの、本当にいいもの、本当に役に立つものをきちんと見分け、そうした本物だけに「リアル」を感じ取る。そして、自らも本物をつくりだそうとするのだ。

　あなたを最も強く突き動かすのは、お金や地位ではなく、本物＝本当のリアルに向き合ったときに感じる「手応え」。そして、その手応えを感じ取ることさえできれば、いくらでも努力できる。

　もしあなたがこれから先、何かに出会って「これこそが本物だ」「この世界に存在する価値があるものだ」と思えたら、迷わずにそれを仕事にしよう。きっとその先に大きな成功が待っている。

TAURUS

7

偉大なる
「ワンパターン」を
つらぬけ

「また、いつものパターン？」

　あなたは、親しい人からこうつっこまれることはないだろうか。

　新しい仕事に取り組むときはまず、これまでやってきた方法論を試す。会議やプレゼンでは鉄板のフレーズ。写真にはどんなときも同じ角度、同じ表情で収まり、手土産はいつもの一品。手料理をふるまうとなるとつい、あのメニューを出してしまう。

　これはたぶん、あなたが牡牛座だから。12星座を行動特性で分ける分類法でも、牡牛座は「不動宮」。自分の価値観を大切にして、いまここにあるものをしっかりキープしようとする。その姿勢が、人には「ワンパターン」と映るのだ。

　でも、それでいい。牡牛座のワンパターンはただの惰性でそうなっているわけではない。

　たとえばあなたが仕事で同じやり方をするのは、それが最も成果を上げるとわかっているから。いつも同じ角度で写真に収まるのは、自分が一番きれいに映るアングルを知っているから。

　そう、あなたのワンパターンは、本物を見分ける目を持つ牡牛座がその五感と経験で導きだした、「リアルの追求」＝「王道」なのだ。

　しかも、そのワンパターンは周りにも安心感を与えてくれる。あなたが変わらない王道をやり続けてくれるから、みんなはそれをスタンダードにして、自分の位置を測ることができる。

　だから、誰に何をいわれても気にすることはない。むしろぶれずに「偉大なるワンパターン」をつらぬこう。

　大丈夫。本当に変わらなければいけないときがきたら、あなたは自然と変わることができる。それまでは「いまのやり方」を続ければいい。ワンパターンこそが、あなたにとっての「成功の法則」なのだから。

8

「安定」「安心」を
確保しながら
挑戦してみよう

安定を大切にしている牡牛座。でも、社会が目まぐるしく変化するこれからの時代は、どうしても、新しいことにチャレンジする必要がある。じっと動かないでいると、いつのまにか居場所をなくしてしまうことにもなりかねない。

　それに、五感がずばぬけている牡牛座は、本来、アーティストやお店の経営者として活躍できる才能があるのに、安定した生活を捨てるのは怖い、とチャレンジしないことも多い。これもとてももったいない。

　でも、冒険はやっぱり怖い？　だったらまず、「セーフティネット」をはってから、新しいことにチャレンジしてみたらどうだろう。セーフティネットとは転落防止網、つまり、失敗したときに備えた安全策のこと。

　たとえば独立してお店を出したり、起業したい気持ちがあるなら、あきらめずにまず副業としてはじめてみる。あるいは失敗したとき、またサラリーマンに戻れるような態勢を整えておく。

　アーティストになりたいなら、まったく売れなかった場合を想定して、食い扶持を稼ぐ手段を確保してからはじめる。ダメだった場合、何歳までならやり直せるかを想定して、期限付きでチャレンジしてみる。

　退路を断った緊張感のなか力を発揮する人もいるが、牡牛座は、不安、とくに経済的不安があると集中できずうまくいかない。

　でも、「最悪でもこれがあるから大丈夫」と安心を得れば、前向きになれるし、これからやることにパワーを発揮できる。

　だから、不安になる前に、セーフティネットを考えてみよう。その存在はきっと、これまであきらめていた高みにあなたを押し上げてくれる。

9

目的地までの
道筋を
「見える化」しよう

牡牛座はスロースターターで頑固、積極性がないとよくいわれる。誰かに指示されたり、アドバイスを受けても、なかなか動かないから、「怠けている」「努力しない」と誤解されることも多い。

　でも、それは、牡牛座が自分で納得しないと動けない性格だから。直に見て確信を得てはじめて動くから、人よりも動きだしに時間がかかる。

　そのかわり、いったん確信が持てたら、途中で投げだしたりせずに、がむしゃらにがんばることができる。それこそ、牡牛＝bull を語源にしたブルドーザーのように、困難や障害をなぎ倒しながら前に進んでいく人も少なくない。

　大切なのは、目的や目標を曖昧にしておかないこと。

　たとえば、なんとなくお金持ちになりたいとか、お店を持ちたいとか、絵を描く仕事をしたいとか、そういうレベルでは、牡牛座は動けない。

　お金持ちになりたいなら、何歳までにどれくらいの資産を持ちたいのか、具体的に金額を決める。お店を持ちたいと思うなら、何を扱って、どういう規模で、どこに出店するのか。収支を計算してみて、売上目標を決める。絵を描く仕事をしたいなら、アートなのか、ファッション画なのか、アニメのキャラクターデザインなのかをきちんと決めて、どういうかたちでデビューし、どういう売れ方をしたいのかまで、イメージする。

　目的を具体化して、自分が何をやるべきか、をはっきりさせる。確信を持てるように目標を「見える化」するのだ。

　目的地さえはっきり見えたら、牡牛座はすぐに動きだすし、困難に直面しても止まることなくコツコツ歩み続ける。きっと、ゴールにたどり着くことができるはずだ。

TAURUS

10

戦わなくていい。
自分の「楽園」を
広げて成功しよう

夢は戦って勝ち取れ、自分を追い込んで上を目指せ、苦しい思いをしないと成功は得られない——。ビジネス書に書いてあるこんな成功法則を読むと、あなたはきっと顔をしかめるだろう。

　牡牛座はガツガツした野心とは無縁で、戦うことが苦手。誰かを蹴落としてまで上に行きたいとは思わないし、しんどい思いをしないと成長できないなら、いまのままでいいと思ってしまう。

　じゃあ、牡牛座は成功をつかめないんだろうか。

　そんなことはない。牡牛座は戦わないけれど、そのかわり、気持ちのいいこと、居心地のいい場所を求める。だから、自分の周りに「楽園」をもっている。だったら、その「楽園」を「楽園」のまま少しずつ広げていけばいい。

　たとえばコーヒーが大好きで、いつかカフェをやれたらいいなと思っているけど、厳しい修業をしたり、お店を出す勇気はない。だから、いまは自分の部屋で自分が淹れたコーヒーを飲むことで満足している。

　そんなあなたなら、無理にリスクを背負う必要はない。そのかわり、いつもひとりでコーヒーを飲んでいる自分の家のインテリアを少し整えて、友だちを呼んでコーヒーをふるまってみる。みんなから「おいしい」といわれたら、次は週末だけ看板を出してこっそりカフェを開いてみる。

　少しずつコーヒーを飲んでくれる人が増えていったら、あなたももっとおいしいコーヒーを淹れるよう努力する。そのうち評判が評判を呼んで、アパートの一室にお客さんが入りきらなくなって、ちゃんとしたお店を持つことになる。

　そんなふうに、自分の「楽園」を少しずつ広げていくイメージを持とう。そうすれば、あなたは結果的に、「夢」と同じくらい大きなスケールのものを手に入れることができるだろう。

TAURUS

PERSON

牡牛座の偉人

3

日常とはつまらないもの ではないのだ

さくらももこ
Momoko Sakura

1965 年 5 月 8 日生まれ

漫画家

静岡県清水市に生まれ、1984 年に漫画家としてデビュー。代表作の『ちびまる子ちゃん』は 86 年に『りぼん』にて連載を開始し、89 年に講談社漫画賞を受賞。90 年にはテレビアニメ化され、国民的アニメとなる。同アニメのエンディング曲「おどるポンポコリン」も、さくらももこ自身が作詞している。
漫画のみならず、エッセイストとしても活躍し、『もものかんづめ』三部作はいずれもミリオンセラーとなった。

新潮社
https://www.shinchosha.co.jp/writer/1600/

誰も注目していない場所を
作品に変えたポップ画家

キース・ヘリング
Keith Haring

1958 年 5 月 4 日生まれ
芸術家

アンディ・ウォーホルやバスキアらとともに、1980 年代のポップアートを代表する芸術家。ニューヨークの地下鉄で、使われていなかった広告板に落書きをした「サブウェイドローイング」によって一気に注目を集めた。その作風は国際的な評価を集め、タイムズスクエアのビルボードアニメーション、舞台デザインなど活躍の場を広げた。エイズにより 31 歳の若さで亡くなるが、アートを通して HIV・エイズの予防啓発を行った。

中村キース・ヘリング美術館
https://www.nakamura-haring.com/keithharing/

TAURUS

CHAPTER 3

不安と迷いから
抜け出すために

【決断／選択】

人生は選択の連続だ。
いまのあなたは、過去のあなたの選択の結果であり、
いまのあなたの選択が、未来のあなたをつくる。
牡牛座のあなたは、何を選ぶのか。
どう決断するのか。

11

迷いがあるときは
焦って「決める」
必要はない

牡牛座は、大地に根ざす「地の星座」であり、「不動宮」に属する星座。慎重で頑固といわれるのは、そのためだ。一度決めたら揺るがないけれど、そのかわり、決断までに時間がかかる。

　でも、時間はたっぷりかけていい。見切り発車で決断したほうがうまくいく星座もいるが、牡牛座は違う。「これで大丈夫」と心から信じられる選択でこそ、力を発揮できる。

　逆に、少しでも迷いや不安が残っていると力を発揮できない。準備ができないまま焦って結論を出そうとすると、結局、現状維持や何もしないという選択肢を選んでしまう。

　だから、迷いや不安があるなら、決して焦らないで決断・選択を先延ばしにしよう。

　はじめてお店を出店するかどうか、経験のない新商品を出すかどうか、いますぐ決めるとしたら、きっと止めるという方向になる。でも、結論を先延ばしにし、その間に十分な下調べをして戦略を練れば、チャレンジできると思えるかもしれない。

　受験先だって、まだ自信のない４月に決めてしまうより、しっかり勉強して自信をつけてから秋に決めるほうが、より難易度の高い学校も選べるようになるだろう。

　それでも、チャレンジできないと思ったら？　たしかに牡牛座は、「石橋を叩きすぎて壊してしまう」と揶揄されるくらい慎重だけど、「叩きすぎ」ということはない。叩いて壊れる橋は、渡るには危険だったということ。渡らなくて正解なのだ。

　だから納得するまで、時間をかけて石橋を叩き続ければいい。

　どんな選択であろうと、牡牛座が本気で選びとったのであれば、それは絶対に「いい選択」になる。心から納得したら、牡牛座は誰よりもパワフルに、確実に、必ずやり遂げるのだから。

TAURUS

12

あなたの感じる
「なんとなく」は
信頼していい

牡牛座が決断できないときは、慎重という以外に、もうひとつのパターンがある。それは心の底では答えが決まっているのに、理由を言葉にできない、論理的に説明できないとき。

　たとえば、なんとなくこっちがいい、なんとなく嫌、と感じているのに、周りから「なんとなくじゃダメ」「ちゃんと理由を説明できないと」といわれ、自分でも確信を持てなくなってしまう。

　でも、牡牛座の場合はこの「なんとなく」という感覚を信じたほうがいい。

　牡牛座の「なんとなく」は、第六感とか虫の知らせなどの非現実的なものではなく、実際の根拠に基づいている。言葉にできないのは、五感の鋭い牡牛座が、言語化できない微妙な差異をその繊細なセンサーで感じ取っているからだ。

　たとえば、就活生人気 No.1 で収入も高い会社だけど、会社訪問したとき、なんとなく肌に合わない気がした。逆に、有名企業ではないけど、エントランスに入って理由もなくここで働きたいという気になった。こうした「肌感覚」は大切にしたほうがいい。

　そのとき言葉ではうまく説明できなくても、牡牛座の五感は、会社の内装や社員たちの表情、服装などをほとんど無意識のうちに察知し、その会社が本当に自分にとってストレスなく働きやすい場所かどうか、感じ取っているのだ。

　客観的で論理的な 100 個の理由よりも、あなたの「なんとなく」の感覚のほうがはるかに信頼に値する。

　とくに慎重な牡牛座が「なんとなくできそう」と感じるときは、できない理由がいくつあったとしても、踏みだしてみよう。「なんとなく」の先に、幸せな未来が待っているかもしれない。

13

「こだわり」を
整理してひとつに
集中させる

牡牛座は本来、一点豪華主義。こだわりは強いけれど、ひとつに集中することが多い。たとえば、服はファストファッションなのに、下着だけは超高級品を身につけている。昼食や夕食はコンビニですますのに、朝食だけは豪華で身体にいいもの。仕事でも、他のことはマニュアル通りにさくさくこなすのに、ひとつの業務だけは、他の何倍もの時間をかけて丁寧に取り組む。

　周りから見ると、すごく偏りがあるようにみえるけれど、これが牡牛座にとっては一番安定している状態。

　でも、牡牛座は真面目な性格だし、出会ったものに執着する傾向があるから、こだわりや大切なものがいつのまにか増えてしまうことがある。

　もしあなたがいま、混乱しているとしたら、こだわりが多くなりすぎているからかもしれない。

　たくさんのことを完璧にやろうとして、何から手をつけていいかわからない。いろんな人の思いを大事にしなければと思って、板挟みになり何も決められない。そういう状態なのかもしれない。

　だったら、「こだわり」「大切なもの」を整理して、もう一度、ひとつに集中してみよう。

　まず、自分にとって、一番大切なこだわりが何かを考えて、それを最優先に、そのことだけにきちんと向き合う。それができてまだ余裕があったら、次に大事なものは何かを考えて、次のこだわりにいく。

　もしできるなら、いま、自分がこだわっていることを書き出して、優先順位をつけてもいい。

　大丈夫。地に足のついたあなたは、そうやって一つひとつ片付けていけば、迷いから抜け出すことができる。

14

決められないなら
「お試し期間」で
確かめてみよう

幼い子どもは新しいものに出会うと、必ず近寄って、自分の手で直接触って、確かめる。牡牛座も同じ。実際に近づいて自ら体験して、はじめて確信を持つことができる。

　だから、不安で踏み出せないときは「お試し期間」をつくって、実際に体験してみよう。

　たとえば、転職に迷っているならインターンを経験したり、会社のイベントに参加させてもらう。社員に会ってみて、話をしてみる。進学先で迷ったらその学校に行って、そこの学生みたいに1日過ごしてみる。告白されてつきあうかどうか迷ったら、まずは何回か友人を交えて食事や遊びに出かけてみる。新しい趣味に挑戦したいなら、体験レッスンに行ってみる。

　とにかく、「お試し期間」で、その選択をした自分をシミュレーションしてみるのだ。

「お試し」をするのが難しければ、本番を「お試し」と考えてとりあえず選んでみるのも、ありだ。

　たとえば、転職に悩んでいたら、いつものように慎重に考えるのではなく、「働いてみて合わなかったら辞めればいい」と、考えて転職してみる。恋愛でも「合わなければ、別れればいい」と、とりあえずつきあってみる。

「これはお試し」と考えれば、決断のハードルが下がり、選択の幅も広くなる。「お試し」だとしても、選んだあとは牡牛座は一生懸命がんばるはずだ。それが結果的に一生の仕事や一生のパートナーになることだってある。

　たとえ、本当に途中で止めることになったとしても、その経験は必ずあなたの血肉となる。その経験が、次に何かを選ぶとき決めるとき、あなたの選択の幅をより広げてくれるだろう。

15

アドバイスは
「ストン」と身体に
落ちるものだけ聞く

牡牛座は基本的に自分で考え、決断をすることができる星座。でも、時間がかかるから、周りは「迷っている」と思ってアドバイスをしたくなる。

　もちろん、アドバイスを拒否する必要はない。固定観念にとらわれがちな牡牛座にとって、他人の考えに触れることは、視野や可能性を広げるチャンスになる。

　ただ、気をつけてほしいのは、「理屈としての正しさ」に惑わされないこと。客観的に見て正しい、普通に考えたらそれが最善というアドバイスでも、牡牛座のあなたにはマイナスに働くことがある。

　なぜなら、牡牛座は、頭で理解していても、身体や感覚で納得しないと、本気で取り組むことができないから。しっくりきていないのに、「正しい方法だから」と無理やりやろうとすると、空回ってストレスが溜まり、破綻しかねない。

　あなたが耳を傾けるべきアドバイスは、理屈でなく、「身体のなかにストンと落ちる」もの。それ以外は、聞かなくていい。

　どう見分けるかって？　たとえば、聞いた瞬間、「あ、それ、わかる」と感じたものは必要なアドバイス。でも「話はわかるんだけど……」と少しでもとまどいを感じたら、その意見は捨てていい。

　文字通り、身体に聞いてもいい。たとえば、求めていた答え、納得できるアドバイスに出会うと、牡牛座は体温が上がったり、うなずく動きが大きくなったりと、身体にあらわれる。逆に、違和感のある意見を聞いていると、眠くなったり頭痛がしたり……。

　とにかく、牡牛座は頭でっかちの正しさにとられないこと。身体が「Yes」といっているものを信じれば、本当の答えにたどり着くことができるはずだ。

TAURUS

PERSON
牡牛座の偉人

5

いますぐに「どちらか」を
選ばなくてもいい

ピョートル・チャイコフスキー
Pyotr Tchaikovsky

1840 年 5 月 7 日生まれ
作曲家

「白鳥の湖」に代表されるバレエ音楽、オペラ、交響曲、歌曲とさまざまなジャンルで多くの作品を残したロシアの作曲家。母がコレラで亡くなったことをきっかけに音楽の道に目覚める。音楽の勉強をしながら法律学校に通っており、卒業後は法務省で働くも、最終的には音楽の道を選んだ。チャイコフスキーのファンであったメック夫人の経済的な支えもあり、とくに晩年は名作を次々と生みだした。

ONTOMO
https://ontomo-mag.com/article/column/tchaikovsky-life-works/

運命の出会いがあったとき
身体は勝手に動き出す

エドワード・ウィンパー
Edward Whymper

1840 年 4 月 27 日生まれ
登山家

イギリスの登山家。もとは木版画家だったが、山岳誌の仕事でアルプスに入ったことをきっかけに本格的な登山に目覚める。難攻不落であったマッターホルンを世界ではじめて登頂した。しかし、その下山中に7人中4人が亡くなる大事故が起き、リーダーとしての責任を問われ裁判沙汰となった（結果は無罪）。その後は、グリーンランドの探検やアンデス、カナディアン・ロッキー踏破などを達成し、地理学者としても活躍した。

ウィンパー（著）浦松佐美太郎（訳）『アルプス登攀記（上・下）』岩波書店　1936年

TAURUS

CHAPTER 4

壁を乗り越えるために

【試練／ピンチ】

あなたの力が本当に試されるのはいつか？
失敗したとき、壁にぶつかったとき、
落ち込んだとき……。
でも、大丈夫。
あなたは、あなたのやり方で、
ピンチから脱出できる。

16

すぐ解決しなくていい
いったん「そのまま」に
しておこう

トラブルや問題に直面し、解決の糸口がつかめないなら、無理に解決しようとせず、思いきって何もしないで、いったんそのままにしておこう。

　真面目な牡牛座のあなたは、トラブルや問題について考えはじめると、後悔したり、自分を責めたり、誰かを責めたくなったり、それでさらに自己嫌悪におちいったり、どんどん落ち込んでしまう。

　現実対処能力、実務能力に長けた牡牛座のあなたが対処できず落ち込むような問題というのは、そもそもどうしようもない問題であることが多い。あるいは、老後や未来に対する漠然とした不安だったり。

　そういうときは、考えてもどうしようもない。

　何も放り出せというわけではない。責任感の強いあなたにとって、なかったことにして忘れてしまうのは無理な話。逆にいえば、現実能力の高いあなたなら、本当に事態がまずくなれば、必ず対処するし、解決できる。

　だから、焦って解決しようともがくだけなら、思いきって解決しないでそのままにしておこう。保留にしておけばいい。

　たいていの問題は、時間の経過とともに小さくなっていくし、そのあいだに解決するためのいいアイデアが浮かんだり、助けてくれる人があらわれるかもしれない。

　あるいは、老後や未来に対する漠然とした不安にとらわれているのだとしたら、遠い未来のことを考えるのはやめよう。遠い未来のことを頭でどんなに考えても、牡牛座が欲する現実的な安心感を得られることはない。それより「いま」「ここ」に集中し、「いま」「ここ」でできることに全力で取り組むこと。結果的に、その積み重ねが未来に対する不安を解消することにもなる。

17

失敗したらもう1回。
「しつこさ」で
運命をこじ開けよう

もうおしまいかも……。たった一度の失敗で、牡牛座のあなたがそんなふうに落ち込み、あきらめてしまっているとしたら、それはとてももったいない。

「チャンスは一度だけ、戻ってこない」とよくいわれるけれど、牡牛座にかぎっては、そんなことはない。

　12星座随一の粘り強さを持つ牡牛座がその本領を発揮して、チャレンジを続ければ、チャンスは何度でも巡ってくるし、成功の確率が上がっていく。

　なぜなら、挑戦のたびに、あなたのスキルや知識はどんどん向上していくから。取り組みを重ねていけば、欠点が改善され、新しいアイデアを思いつくから。やり続けていることは同じでも、周囲の受け止め方や状況がまったく変わる可能性があるから。

　たとえば、新卒の就職試験で第一志望の会社に落ちたなら、別の会社で経験を積んで、改めて第一志望の会社の中途採用に応募すればいい。採用される確率は必ずぐんと上がるだろう。

　経済的事情で進学をあきらめた人は、働いてお金を貯めてから大学に通ったっていい。何歳になっていたとしても、あなたは意欲的に学問に取り組めるはず。

　失恋した相手のことがまだ忘れられないなら、タイミングをみはからってもう一度、気持ちを伝えてみるのもありだ。今度は情熱にほだされて、あなたを受け入れてくれるかもしれない。

　社内で却下された企画があるなら、採用されなかった欠点を改善してもう一度出してみよう。時代状況や会社の体制が変わって、採用される可能性が十分ある。

　だから、失敗しても、結果が出なくても、しつこくやり続けよう。落ち込んでいる暇があったら、次のチャンスに向けて準備をはじめよう。その粘り強さが新しい未来をこじ開けてくれるはずだ。

TAURUS

18

「これだけ」を決め
失う恐怖から
自由になろう

牡牛座は「I have」の、つまり、「所有」の星座。その魂には、「理想の楽園の守り手」という意識が深く刻まれている。

　牡牛座が「所有欲が強い」「独占欲が強い」などといわれることがあるのは、そのためだ。いったん自分の楽園ができあがると、牡牛座は、それを守ることに必死になる。自分の楽園を失いたくない、という気持ちが強く働く。

　厄介なのは、壁にぶつかり、自信をなくしたとき。「失いたくない」という気持ちがさらに肥大化し、牡牛座の心は「失う恐怖」に支配されてしまう。怖くて身動きが取れなくなり、さらに気持ちが暗く沈んでいく。

　だから、牡牛座が落ち込んでいるとき、悩んでいるときは、「失う恐怖」をどう軽減するかが鍵になる。

　効果的なのは、どれもこれも守ろうとするのでなく「どうしても守りたいもの」が何かを見極めること。

　いま、悩んでいること、執着していること、なくすのを怖がっていることが、自分自身にとって本当に大切なものなのか、替えの利かないものなのか、あとから取り戻すことができないものか。そういったことを検証して、「これは絶対に必要だ」と判断したものだけに意識を集中させていく。そうすれば、他のことは、失ってもなんとかなる、たいしたことない、と思えるようになる。トラブルがあっても、大事なものが失われないことがわかれば、安心できる。そして、本当に「大切なもの」「必要なもの」を守るためにどうすればいいか、具体策も立てられるだろう。

「所有」の星座・牡牛座が「捨てる」のはとても難しいこと。でも、「本当に何を守るべきか」を意識すれば、きっと心がスッキリするはずだ。

19

疲れたときは
居心地のいい
「隠れ家」で過ごす

知らず知らずのうちにストレスを溜めやすい牡牛座。便利使いされていろんな仕事を押しつけられている、学校や職場の人間関係はうまくいってないわけではないけれど違和感を覚えることがよくある、交友関係が広がっているのはいいけれど気づかいが大変……。「たいしたことじゃない、ささいなこと」と思っていたストレスが、日に日に積み重なっていくと、あるとき、心や体調が一気に悪化することがある。

　そうならないために、定期的に逃げ込める避難場所、「シェルター」をつくっておこう。

　疲れたとき、なんとなく気分が落ち込んでいるとき、ちょっと傷ついたときに、逃げ込める安全な場所。誰からも傷つけられず、なんのストレスもなく、心から安心できる場所。牡牛座にはそんなシェルターのような場所が必要だ。

　ただし、牡牛座にとって、シェルターは「気持ちいい場所」であることが必須。

　たとえば、行きつけの喫茶店、お気に入りの気持ちのいい公園、思いっきり深呼吸できる森、いつ行っても心洗われる景色の見られる旅先。そんなお気に入りの場所で、仕事や学校を休んで1日頭を空っぽにして過ごしてみよう。30分でもいいからひとりでぼーっとしていよう。

　自分の部屋に、心ゆくまで引きこもるのでもいい。座り心地のいいソファ、穏やかな気持ちになれるアロマ、見ているだけで気分が上がる壁紙、疲れを癒してくれる植物、リラックスできる部屋着……そんなお気に入りの品をそろえておく。

　とにかく大切なのは「居心地のよさ」。そういう場所さえあれば、あなたは明日からもがんばれる。

20

復活の特効薬は
「おいしいもの」を
食べること

心と身体が直結している牡牛座は、気持ちの不調が、身体に
あらわれやすい。本来食べることが大好きなのに、落ち込むと、
文字通り、食べものが喉を通らなくなることがある。

　でも、食べなくなると、牡牛座はさらに気持ちが落ちて、復活
するのがどんどん難しくなる。

　だから、無理にでも少しは食べたほうがいい。そのために、と
くにいいのは「おいしいもの」をつくって食べること。

　週末をたっぷり使ってシチューを煮込んでみたり、パンを小麦
粉からこねて焼いてみたり、時間を惜しまず使って自分の手でつ
くったものを食べる。そこまでできないなら、少し高級な卵とお
醤油を買ってきて、卵かけごはんをつくって食べる。フレッシュ
な野菜や果物を搾ってジュースをつくって飲むだけでもいい。つ
くっている間から、気持ちが少しずつ落ち着いてくるはずだ。

　自分でつくるのが億劫なら、外食でも大丈夫。前から行って
みたいと思っていた気になるお店に出かけてみる、あるいは落ち
着ける馴染みのお店で馴染みのお料理を食べる。

　スイーツだけでもいい。懐かしい味のプリン、気持ちが華やぐ
カラフルなマカロン、疲れた心を溶かしてくれる甘いあんこ。

　牡牛座にとっておいしいものを食べることは、たんなる栄養補
給じゃない。おいしそうな食べものを目で見て、調理の音を聞き、
いい匂いを嗅ぎ、舌で食感を楽しみ、味わう。食べものを五感
で味わい尽くすことは、生きるよろこびを体感することでもある。

　どんなに傷ついても、どんなに落ち込んでいても、泣きながら
でも、おいしいものを食べておいしいと思えれば、きっとあなた
はもう大丈夫。その夜はきっと眠れるし、次の朝には昨日より少
しだけ気持ちよく目覚めている自分に気がつくはずだ。

TAURUS

PERSON
牡牛座の偉人

7

挫折から生まれた
ホンモノの輝き

オードリー・ヘプバーン
Audrey Hepburn

1929 年 5 月 4 日生まれ
女優

ベルギーで生まれ、10 代ではバレエの道で挫折を経験。新たな道を探すなかで見つけたのが舞台役者であった。女優として活動するなか、1953 年公開の『ローマの休日』で主演に大抜擢され、アカデミー賞主演女優賞を受賞。その後、エミー賞、グラミー賞、トニー賞も受賞した。『ティファニーで朝食を』『マイ・フェア・レディ』などに主演。その存在は映画ファンのみならず、世界中の俳優、女優に影響を与えている。

VOGUE
https://www.vogue.co.jp/tag/audreyhepburn

TAURUS

PERSON
牡牛座の偉人
8

「チャンスは一度きり」
ではない

ハワード・カーター
Howard Carter

1873年5月9日生まれ
エジプト学者

画家であった父から絵の技法を学び、そのスケッチ能力を買
われ、17歳でエジプトの調査隊に参加。以後、発掘現場の
監督として実力を発揮する。

その後、観光客とのトラブルに巻き込まれ解雇されるが、発
掘への熱意を持ち続けたハワードは、貴族のカーナヴォンと
出会い、1902年に「王家の谷」の発掘を開始。22年にツタ
ンカーメンの王墓を発見した。

ハワード・カーター（著）酒井傳六、熊田亨（訳）『ツタンカーメン発掘記』筑摩書
房　2001年

TAURUS

CHAPTER 5

出会い、
つながるために

【人間関係／恋愛】

あなたが愛すべき人はどんな人か？
あなたのことをわかってくれるのは誰？
あなたがあなたらしくいられる人、
あなたを成長させてくれる人。
彼らとより心地いい関係を結ぶには？

21

空気は「読む」
のでなく、
「あたためる」

「場の空気」が重視される時代。集団のなかで浮かないようみんなが「空気を読む」ことに必死になっている。一方で、「自分が空気を支配しよう」と、マウントを取る人たちが出てきたり。

でも、牡牛座のあなたは本来、そういうこととは無縁だ。不動宮に属する牡牛座は、関心が自分の外側でなく内側に向いている人が多い。周りや人に影響されることが少なく、自分の内側に確固たる価値観を持っている。

だから、無理して場の空気を読もうとしないし、空気を支配しようと主導権争いをすることもない。しかも、穏やかで安定感があるから、空気を読まなくても周りから浮いたりしない。

そんな牡牛座がこれから集団のなかで心がけることがあるとしたら、それは「空気をあたためる」ことかもしれない。

牡牛座は空気に左右されないからこそ、周りに信頼と安心を与え、嫌な空気をいい方向に変えることができる。

方法は簡単だ。すべての人の言動をそのまま受け止めること。そして、自分の穏やかさや安定感を前面に出していくこと。

そうすれば、場の空気はピリついたり殺伐としたりせず、あたたかいものになっていく。みんなが安心できるようになる。みんなが空気を恐れたりマウントを取ろうとしたりすることなく、自由な気持ちで話せるようになる。

近年、ビジネスの世界でも、あたたかな場所や自由に発言できる状態をつくることで個々人のパフォーマンスが上がるとして、「心理的安全性」という言葉が注目されている。

牡牛座はまさにこの「心理的安全性」をつくり出す役割を果たすことができる。「空気をあたためる」ことを意識すれば、会社や学校で、あなたの評価はどんどん高まっていくだろう。

TAURUS

22

思いは溜め込まず
「小出し」に
伝えていこう

温厚でいつも穏やか。牡牛座のあなたはそういわれることが多いはず。あなたの穏やかさは、あなた自身を安定させ、周囲の人々も安らいだ気持ちにさせる非常に貴重なものだ。

　しかし一方で、自分が傷ついたりしんどかったりするときに、その気持ちを飲み込んでしまっていないだろうか。

　忍耐力があって人一倍がまん強い牡牛座。辛いことや悲しいことがあっても、無意識のうちに抑え込んでしまうところがある。そのときはそれで収まったように見えても、傷ついたあなたの気持ちは消えない。身体の奥底に澱のように溜まっていき、いつか爆発してしまう。

　牡牛座は怒ると怖いといわれることがあるが、それはしんどさや辛さが溜まりに溜まって爆発してしまうためだ。

　だから、感情を溜め込まず、人に対して思いを小出しにしていく習慣をつけよう。

　上手な言い方ができないとか、相手が嫌な気持ちにならないかとか、そういうことは気にしなくていい。

　のんびり屋さんの牡牛座は、自分の感情にすぐには気づかないことも多いから、つねにチェックをして、気がつくたびに言葉にしていこう。そうやって自分の感情に注意を払っていると、次はもっと早く自分の感情の変化に気づいて、すぐに言葉にできるようになる。

　上手な言い方ができなくても、人の顔色をうかがったり、状況を見て立場を変えたりしない牡牛座の飾らない言葉は、嫌われないし、絶対に伝わる。

　ありのままの気持ちを伝える。それこそが、牡牛座の魅力が伝わるコミュニケーション。怖がらないで、少しずつストレートに気持ちを伝える練習をしよう。

23

「ひとめぼれ」や
「肌が合う」感覚を
信じていい

慎重な牡牛座は、人間関係でも心を開くのに時間がかかる。少しずつその人のことを知り、関係を深めてゆく。

　でも一方で、牡牛座のあなたには、そういう警戒心や理屈を超えてどうしようもなく惹かれる出会いがある。

　そのひとつが、俗にいう「ひとめぼれ」。しかも、たんなる「面食い」ではなく、「あの瞳が好き」「あの手がタイプ」「あの声がたまらない」というように、自分だけの美的感覚、五感で、その人の美点を一点見出し、そこに強く惚れ込んでしまう。

　あるいは、「はじめて肌に触れた感覚」へのこだわり。服や雑貨を選ぶとき、牡牛座は手触りを大切にするが、恋愛でも似たようなことが起きる。はじめて手をつないだとき、はじめてキスしたとき、はじめて身体を重ねたとき、理屈を超えて「しっくりくる」「肌が合う」と感じた相手には、一気に心までつかまれてしまう。

　家族や友人は、相手の性格やスペックをまだよく知らないのに、と心配するかもしれないけれど、あなたが牡牛座なら、自分のその感覚を信じていい。

　美しい言葉や甘い約束はうつろうけれど、牡牛座がその目で見たこと、肌で感じたことは、裏切らない。

　牡牛座はこの人と決めれば、簡単に気持ちが変わることはないし、関係がはじまればその関係を長続きさせる努力をする。

　周囲からの忠告通り困難が生じることもあるかもしれないが、絶対に後悔しない。逆に、そうした困難を解決し乗り越えることにファイトが湧いてくるだろう。

　「ひとめぼれ」「はじめて肌に触れたときの感覚」は、慎重な牡牛座が冒険に踏み込む最大の機会であり、エネルギーの源泉。ぜひ大事にしてほしい。

TAURUS

24

興味を持った相手は
自分の「お気に入り」
の場所に招いてみる

居心地のいい関係、快適な楽園のような場所を生み出すのが得意な牡牛座のあなた。あなたのつくり出す人間関係、空間は、あなただけでなく、そこにかかわるすべての人を和ませ癒す。

　でも、大きな変化を好まないあなたは、特別な何人かの相手との関係を維持することで満足しがち。その輪を広げていくことはあまり考えたことがないかもしれない。

　でも、その力を一定の人間関係だけにとどめておくのはもったいない。少しずつでいいから、人間関係を広げてみよう。

　難しいことではない。少しでも、この人と気が合いそうだな、もう少し話を聞きたいな、そう思ったら、あなたがつくり出した「居心地のいい人間関係」のなかに、招き入れていけばいい。SNSのコミュニティ、趣味のサークル、ランチ仲間……。行きつけのカフェや、大好きな山、海、寺社など「お気に入りの場所」に誘うのでもいい。

　あなたが「居心地がいい」と思う関係、場所は、きっとほとんどの人が気にいるはず。そして、自然とあなたを慕う人が増えてゆくだろう。

　困ったときやピンチのときに助け合える仲間になってくれて、起業や大きなプロジェクトなんて無理だと思っているあなたでも、仲間のおかげでいつの間にかとっても大きなスケールの何かを成し得ていたなんてこともあるかもしれない。

　別にキャラまで変える必要はない。いつものあなたのままで、少し勇気を出してみるだけでいい。そういうのが得意な仲間がすでにいたら、最初はその人を通じて呼び入れるのでもいい。

　自分の心地いい関係を、自分だけの小さな世界に閉じ込めないこと。そうすれば、あなたの世界は何倍にも膨らんでいく。

25

これから
あなたが「愛すべき」人
あなたを「愛してくれる」人

言葉にならない感覚を「くみとって」くれる人

　牡牛座は感覚を言葉にするのが苦手。しかもがまん強いから、感情をつい自分のなかに溜め込んでしまう。でも、周りを見回して。あなたが「なんとなく」感じたことを理解してくれる人、あなたの言葉にならない思いを察してくれる人がきっといるはず。そういう人を見つけられれば、あなたはストレスから解放されて、いまよりもっと生きやすくなる。

あなたの「リズム」を大切にしてくれる人

　牡牛座はマイペース。じっくり考えたいのに急かされたり、生活のリズムが乱れると、とたんに精神状態や体調が悪くなってしまう。だから、パートナーは、あなたのペースを大切にしてくれる人がいい。あなたに合わせるのでなく、あなたの「リズム」を尊重し見守ってくれる人。そういう人と一緒にいれば、あなたはずっと自分らしくいられるはずだ。

「ひとめぼれ」から「20年先」が想像できる人へ

　「ひとめぼれ」することが多い牡牛座だけれど、一番の望みは「永遠の関係」。人生をかけて誰かと世界を築いていくことを強く求めている。だから、「素敵な人」と出会ったら、それで終わらせないで、10年、20年先に一緒にいる姿を想像してみよう。もし、クリアに想像ができたら、その人はあなたにとって「運命の人」かもしれない。

やりたいと思ったことが
一番の道になる

フローレンス・ナイチンゲール
Florence Nightingale

1820 年 5 月 12 日生まれ
教育者・看護師・統計学者

裕福な家庭で育つも、「人を助ける仕事がしたい」と親の反対を押しきって看護の道へと進む。イギリスの病院で働きながら公衆衛生の研究を行い、その後、クリミア戦争に 2 年間従軍。このとき、死亡した兵士の死因の多くは、戦場の不衛生な環境によるものだと科学的に訴え、死亡率の減少に大きく貢献する。戦争後は「クリミアの天使」として英雄となり、統計学者、教育者として活躍。看護教育の基礎を築いた。

小玉香津子『ナイチンゲール』清水書院　2015 年

「好き」を突き詰めた
先にある新しい発見

ドロシー・ホジキン
Dorothy Hodgkin

1910 年 5 月 12 日生まれ
生化学者

エジプト生まれの生化学者。オックスフォード大学でエックス線結晶学の研究を行い、ケンブリッジ大学で博士号を取得。複雑な計算が必要で、担い手が少なかった結晶学という分野で、当時開発されたばかりのコンピューターを使って研究を進めていた。ペニシリン、ビタミン B12、インスリンなどの分子構造の解明に成功。生化学の新しい時代を切り開き、1964年にはノーベル化学賞を受賞した。

ジョージナ・フェリー（著）田村実、バージン・ルース（共訳）『ドロシー・ホジキン 女性ノーベル賞科学者の人生』アトラス出版　2022 年

TAURUS

CHAPTER 6
自分をもっと 成長させるために

【心がけ／ルール】

自分らしさってなんだろう？
誰もが、持って生まれたものがある。
でも、大人になるうちに、
本来の自分を失ってはいないか。
本来持っているはずの自分を発揮するために、
大切にするべきことは？

26

「繰り返す」ことが
大きな高みへ
あなたを連れてゆく

牡牛座は、一見同じように見える地味なことをコツコツと繰り返しやり続けることが得意。あなた自身は、たいしたことじゃないと思っているかもしれないけれど、そんなことはない。「繰り返す」のは、誰でもできることじゃない、大きな才能だ。

　事実、世の中で成功しているアーティストや実業家のなかにも、同じことを粘り強く繰り返して成功した人がたくさんいる。

　たとえば牡牛座の作曲家チャイコフスキーは、インスピレーションから生まれた音楽こそが人を惹きつけるが、ただ待っていてもインスピレーションはこない。そのためには忍耐が必要だといい、毎日のルーティンを大切にしていたという。

　日常のささいなことでもそう。毎日走っていたら、最初は1キロしか走れなかったのが、10キロ走れるようになった。英会話を練習していたら、半年前には聞き取れなかったネイティブの会話が聞き取れるようになった。同じ参考書を何度も繰り返し読んでいたら、その科目だけ成績が上がった……。

　牡牛座にとって「繰り返す」ことは、ただのルーティンじゃなく、能力を高みに引き上げる行為なのだ。

　最初は成長の実感を得られないかもしれない。でも、心配しなくてもいい。繰り返していれば、変化は突然あらわれる。物語や音楽で同じモチーフを繰り返しながら、変奏を経て、壮大なクライマックスへと向かっていくように。

　だから、「同じことばかりやって」とか「新鮮味がない」とかいわれても、気にせず、同じことを繰り返そう。その先に、牡牛座の大きな成功が待っている。繰り返し続けることが、牡牛座のあなたを思ってもみなかった高みまで連れていってくれる。

27

欲望を止めるために
「本当の欲望」を
利用する

所有欲は牡牛座のエネルギーの源泉だ。しかし、所有欲が高まりすぎると、独占欲に発展したり、あらゆるものを手にしようとして、自分を苦しめてしまうことがある。

　ギリシア神話に登場するミダス王の悲劇のように、欲望を止められなくなって、最も大切なものを失うこともある。

　家族の幸せのために働きはじめたのに、お金を稼ぐことに夢中になって、肝心の家族との関係が悪化してしまう。流行りの高いブランドの服ばかりたくさん買って、自分らしさを失ってしまう。とても大切な恋人なのに、独占欲が激しくなりすぎて、相手を縛り付けたあげく、関係が破綻してしまう。

　そんな悲劇におちいらないためには、欲望をほどほどのところで止める必要がある。腹八分目、少し足りないくらいの段階で食べるのをやめるみたいに。

　といわれても、牡牛座にとっては、何かを手に入れるより、欲しがるのをやめるほうがずっと難しい。

　でも、ひとついい方法がある。それは、「ほしい」が止まらなくなったら、「一番大切なもの」「一番ほしいもの」を思い浮かべ、それを失くしてしまわないか、手に入らなくならないか、と考えてみる。

　その存在を思い出させてくれるものをそばに置いておくのもいいかもしれない。たとえば、かけがえのない家族の写真、パートナーが最初にくれた手紙、大事に育てている草花、いつか開きたいと思っているお店の完成予想図……。

　欲望が止まらなくなったとき、そういうものを見たり触れたりすれば、自分の本当の望みにかなうものなのか、がわかる。そして、「本当の自分」を取り戻すことができるはずだ。

TAURUS

28

自然を呼び込み、
「大地と一体化」する
時間をつくる

牡牛座は「地の星座」のなかでも、「大地」と最も深くつながっている。たぐいまれな五感と身体感覚も、大地や自然がもたらしてくれている部分が大きい。コンクリートで塗り固められた街で、追い立てられるように、忙しい日々を送っていると、五感や身体感覚も疲弊しすり減っていく。

　だから、牡牛座は定期的に「大地と一体化」できるような時間を持ってみよう。自然や緑に身をひたし、自分を解放しよう。

　森に出かけ、澄んだ空気のなかで深呼吸し、小鳥のさえずりや葉っぱの揺れる音に耳を澄ます。海辺で、太陽の光を浴び、潮の匂いに包まれ、砂の上を裸足で歩く。山に登り、土や岩を踏みしめ、頂上から美しい景色を眺める。土や草の上を裸足で歩くのもいい。

　牡牛座は身体を鍛えることも重要だけれど、ダンスやランニング、ヨガやピラティスを自然のなかでやるともっと効果が上がる。

　自然のある場所に行けないときは、日常のなかに工夫をしてみよう。部屋で小さな植物を育ててみる。育てたハーブをお料理やお茶に使ってみる。食事に、地元の食材を取り入れる。オーガニックな素材の部屋着やタオルを使う。10分でも5分でも、窓を開け太陽の光を浴びたり、月を眺めてみる。

　とにかくできるだけ、自然を呼び込み、大地を身近に感じること。そうすれば、鈍っていた五感は研ぎ澄まされ、身体も解放され、能力は自然と上がっていく。

　しかも、大地とのつながりを深めることは、牡牛座の人生そのものを豊かにする。牡牛座の人生の目的は心の奥に眠る美しく豊かな「楽園」を再現すること。自然と触れ合えば、その楽園の記憶がより鮮明になり、どこに向かって進むべきかもはっきりしてくるはずだ。

TAURUS

29

あなたのセンスを
「お金」に変える
ためにすべきこと

豊かな五感とセンスを持つ牡牛座。でも、安定志向があるから、アーティストや表現者など、自分の美的感覚を仕事にすることを選択肢から除外してしまいがち。

　けれど、牡牛座はただのドリーマーやワナビーでなく現実主義だからこそ、自分のセンスをお金に変える力がある。

　自分の趣味やセンスがお金にならないか、シミュレーションしてみよう。どうすれば稼げるか、ビジネスモデルをつくって収支計算をしてみる。売上予測やマーケティング調査するのもいい。

　SNSで作品を発表する。オンラインで作品を販売する。週末限定で、自宅に小さなショップを開く。生徒を集めて、あなたの技術を教える。イベントを開いて、作品を見てもらう。

　あなたの現実的能力をもってすれば、正確にシビアに判断できるだろう。現時点では収支が成り立たなくても、何が足りないか、どうすればお金になるか、その方法が見えてくることもある。

　もちろん、あなたの本当に好きなこと、表現したいことをねじ曲げてまで、無理にお金にする必要はない。

　けれども、あなたなら、本質を変えることなく、お金に変える術も見出せるのではないだろうか。

　しかも、そのための方法を考え、努力をすることは、たんにお金が入ってくるということでなく、あなたの表現や作品をブラッシュアップすることにもつながる。あなたの美的感覚を、あなたひとりの楽しみにとどめるのでなく、他者に理解してもらおうとすれば、多くの人とつながっていくきっかけにもなる。

　仕事にしても、趣味で止まっても、センスを活かすかどうかというのは牡牛座が人生で幸福をつかむための大きな鍵。ぜひ、そのことを追求してみてほしい。

TAURUS

30

自分を過小評価せず
「責任ある役割」を
引き受けていく

あなたは、責任あるポジションを任されそうになると、ついたじろいでしまうことがないだろうか。慎重な牡牛座は、自分の能力を過小評価しがちだから、つい自分には荷が重いと尻込みしてしまう。責任感があるからこそ、もしも果たせなかったらと少しでも不安があると、引いてしまう。

　でも、勇気を出して、ときには責任あるポジションを引き受けてみよう。人一倍責任感の強い牡牛座は、いったん責任あるポジションを引き受ければ、必ずやり遂げることができるはず。

　心配しなくてもいい。そもそも、牡牛座は責任あるポジションになくても、実際には同じくらいの気持ちを持って役割を果たしてきた。物理的にやることはほぼ同じだから、きっとできる。

　むしろ、責任あるポジションに就くことで、意識はより高まり、これまで以上に念入りに計画を立て、これまで以上に着実に実行していくだろう。その過程で、あなたはさらに成長していく。

　もちろん、あなたがどんなポジションにいても、能力や努力を見てくれる人はいるし、「縁の下の力持ち」と頼りにもされる。でも、それで満足しているのは、やはりもったいない。

　責任あるポジションを引き受けることで、いままでわかってくれる人だけがわかっていたあなたの努力が、もっと明確なかたちでみんなに正当に評価されるようになる。あなたは、周囲の評価など欲していないかもしれないが、そのことで、次のチャンスが広がって、できることも増えていく。

　それでも不安なら、他の仕事をセーブしたり、不得手な分野を補ってくれる人をチームに入れるなど、保険をかければいい。

　自分のスケールを過小評価せず、責任あるポジションを引き受けていこう。あなたにはそれだけの力があるのだから。

TAURUS

PERSON
牡牛座の偉人
11

ありあまるパワーの矛先を
歌に変えたファンクの父

ジェームス・ブラウン
James Brown

1933 年 5 月 3 日生まれ
歌手・作曲家

「ファンクの父」と評されるブラックミュージックの代表的歌
手。両親の離婚をきっかけに、親戚の家を転々とする少年時
代を送った。仲間と盗みを繰り返し、16 歳で少年院に入所。
このときつくったゴスペルグループが一躍有名になる。
出所後はアメリカ南部の各地でライブを行い、1956 年に「プ
リーズ・プリーズ・プリーズ」でデビュー。「アイ・ガット・ユー」
「セックス・マシーン」などの名曲を残した。

日本コロムビア
https://columbia.jp/artist-info/jamesbrown/prof.html

TAURUS

PERSON
牡牛座の偉人
12

その言葉が愛されているのは
偶然ではない

相田みつを
Mitsuo Aida

1924 年 5 月 20 日生まれ
書家・詩人

栃木県の旧制中学在学中に禅と出会い、卒業後は道元の教えを学ぶ。17 歳で書家に入門、書の最高峰である「毎日書道展」に 7 年連続入選を果たすと、将来有望な書家として期待を集めた。その後、「より多くの人に伝えるために」と独自の書体を生み出し、多くの人が知る相田みつをの世界が完成。1984 年の『にんげんだもの』の出版などでその名が広まった。その作品には禅のエッセンスが凝縮されている。

相田みつを美術館
https://www.mitsuo.co.jp/

TAURUS

CHAPTER 7

新しい世界を
生きていくために

【未来／課題／新しい自分】

牡牛座は、これからの時代をどう生きていくのか。
変わっていく新しい世界で、
未来のあなたがより輝くために、
より豊かな人生を生きていくために、
牡牛座が新しい自分に出会うために、大切なこと。

31

「デジタル」の時代
だからこそ
「アナログ」を武器に

新たなテクノロジーが次々に生まれ、あらゆることがデジタル
に置き換わっていく時代。アナログ人間のあなたは「時代に取り
残されてしまう」と焦っているかもしれない。

　でも、あなたが牡牛座なら、そんなことを心配する必要はな
い。むしろ、こういう時代だからこそ、自分のアナログな部分を
大切にしたほうがいい。

　デジタル化が進めば進むほど、人は一方で、バーチャルでは
得られない生の感覚を求めるようになる。たとえば、自分の舌で
しか味わえないおいしさ、実際に触ってみないとわからない手触
りのよさ、自分の耳で聴くナマの美しい音、自分の目で見て感じ
る肉体の躍動……。

　こうしたリアルな体験を提供できる星座が、牡牛座なのだ。

　五感のセンサーが発達した牡牛座がつくり出し選ぶ「生身で
感じられるもの」はこれまで以上に価値が高くなる。かたちある
ものだけじゃない。身体感覚が優れ、きちんと人に向き合える
牡牛座はその身のこなしやたたずまいで、他の誰も得られない評
価をかちとることができる。

　だから、デジタルなんて恐れる必要はない。バーチャルが進
めば進むほど、自分の五感を研ぎ澄まし、生身の身体が表現
することを前面に出していけばいい。もし、デジタルを使うなら、
自分のリアルな感覚を広めるためのツールとして使おう。

　たとえば、牡牛座生まれ、日本で一番有名な YouTuber となっ
た HIKAKIN も、その出発点は自分の身体を使ったビートボッ
クスだった。

　大切なのは「自分の身体と感覚」を信じること。そうすれば、
あなたもきっとこれからの時代を生き残ることができるだろう。

32

変化に惑わされず
「価値の変わらないもの」
を見抜け

デジタルの時代にその「アナログ」な感覚が求められているように、牡牛座は、時代の流れと真逆だからこそ、見直され、価値が高まっていく要素を持っている。

　「周囲の変化に左右されない」というのもそう。社会のあり方やビジネス、人々の価値観までが目まぐるしく変わる時代。成功者たちはしたり顔で「変化に適応できる者だけが生き残れる」などというけれど、そうとはかぎらない。

　むしろ、社会がどんどん変化するからこそ、人は変わることのない安定したもの、これから先もなくなることのない永続的な存在、立ち返るべきスタンダードな場所を求めるようになる。

　だから、牡牛座は時代の変化に惑わされる必要はない。不動宮の牡牛座らしく、自分のリズムやスタイルをつらぬいていけば、その「変わらない」「揺るがない」姿勢が職場や学校で、これまで以上に支持されるようになる。

　しかも牡牛座は、自分が変わらないだけでなく、その卓越した美意識で、変化の激しい時代にあっても価値の変わらない「本物」を見抜く力を持っている。牡牛座が認め、選び、つくり出すオーセンティックなファッションや宝飾品、音楽、芸術などは絶対に廃れることがない。牡牛座生まれのシェイクスピアの戯曲が500年以上経ったいまも上演され続けているように……。

　だから、牡牛座は、下手に流行を追いかける必要はない。むしろ、こういう時代だからこそ、歴史や伝統を意識し、自分が本物だと思うものに取り組めばいい。これからも長く人々に愛されるだろうと感じたものを選び、仕事にしていけばいい。

　そうすれば、変化に素早く適応し続ける人と同じくらい、いやそれ以上の成功をつかむことができるだろう。

33

言葉にできない感覚を
「あえて言葉に」する

牡牛座は感じたことをうまく「言葉」にできないことが多い。たとえば、思わず「気持ちいい」とつぶやいて理由を聞かれたのに、「なんとなく」としか答えられなかったり。

　でも、それは仕方のないこと。五感の鋭い牡牛座は普通の人が感じ取れないことまで感じ取るから、その微妙な感覚をありきたりな言葉、既存の表現にあてはめられないのだ。

　ただ、いまはネットやSNSを介したコミュニケーションが主流になり、言葉で表現しないと理解してもらいにくい時代だ。自分の感覚に完全にぴったりした言葉が見つからなくても、できるだけ近い言葉、微妙な感覚を表現できる言葉を探し続けよう。

　牡牛座の詩人、中原中也は自分の視覚・聴覚・嗅覚・触覚・味覚を表現するためにさまざまな言葉を総動員した。「サーカス」という詩では、空中ブランコの揺れる様を独特の言葉を駆使して表現した。

　あなたも、あなただけの「言葉」を見つけられれば、新たな可能性を手に入れることができる。

　たとえば、「食べ歩き」が趣味のあなたがSNSでグルメを紹介しているなら、ただ「おいしい」というのでなく、あなただけが感じ取れる微妙な味や食感を、新しい言葉で表現することにチャレンジしてみよう。もしかしたら、グルメライターとして大注目される存在になるかもしれない。

　牡牛座生まれで、20世紀を代表する哲学者ウィトゲンシュタインは、「私の言語の限界が、私の世界の限界を意味する」といった。これは逆説的にとらえれば、それまで言葉にできなかったものを言葉にしたときに、世界が一気に広がるということだ。

　あなたも「言葉」で、自分の世界を広げてほしい。

34

ビジネスに
「感性」「美意識」を
活かせる時代

自分の「美意識」を実社会に活かす機会なんてない、「感性」はアーティストにだけ必要なもの、仕事には関係ない……あなたはそう決めつけていないだろうか。

　だとしたら、それは古い考え。最近は、ビジネスの分野でも「美意識」「感性」がすごく求められるようになっている。

　審美眼を鍛えて、経営に活かす方法論を書いたビジネス書が出版され、幹部候補をアート系大学院に送り込んだり、社員を美術館のギャラリートークに参加させる最先端企業も出てきた。

　これは、複雑で不安定な時代を前にして、経営者たちが論理やデータだけを根拠にしていたら行き詰まる、むしろ感性や美意識に基づいた判断が成功につながる、と考えはじめたからだ。

　牡牛座は、そのビジネス界が求めはじめた「感性」「美意識」を持って生まれた星座だ。現実主義者だから、これまでは趣味でそのセンス、能力を発揮するだけで、仕事ではほとんど使ってこなかったかもしれないけれど、これからは「いまいる会社」「ごく普通のビジネス」でも、前面に出していけばいい。

　商品のデザインや包装、店舗の演出、あるいは、工場や病院などでも五感にいい影響を与える環境を用意して、生産性や健康を高める「センスハック」という考え方が広がっているが、そうしたプロジェクトでも、牡牛座の美的センス、感性は役に立つ。

　美意識や感覚にかかわる分野は、AIではカバーできない最後の領域だから、ビジネスチャンスととらえて、起業してもいい。

　炭鉱のカナリアが危険をいち早く察知するように、牡牛座の繊細な五感は、まだみんなが気づいていない、気持ちいいこと、美しいこと、おいしいものにすでに気づいている。それを臆せずに使っていけば、あなたの評価は飛躍的に高まっていくだろう。

35

あなたの楽園を
「サステナブル」に
するために

欲しいものが欲しいだけ与えられ、苦しみがなく、穏やかな場所。牡牛座の行動の原点は、そうした居心地のいい楽園を求め、つくり、守ること。牡牛座は自分にとっての楽園を明確にイメージできたら、がむしゃらに進み、必ずそれを手に入れる。

　問題は、楽園を手に入れたあとだ。所有欲の強い牡牛座は、小さな楽園を守ろうと必死になって、誰かに侵されないかとピリピリした状態になってしまうことがある。

　でも、そうなったら、そこはもう楽園じゃない。リラックスできる居心地のいい場所ではなくなり、むしろ、ストレスやトラブルのもとになってしまう。

　だから、もしあなたが「これが自分の楽園だ」と思える場所を見つけているなら、これからはそれを開放し、みんなとシェアすることを考えてみたらどうだろう。

　居心地のいい場所やコミュニティをつくったら、そこにみんなを招き入れる。充実感を得られるプロジェクトに巡りあえたら、いろんな人を巻き込んでゆく。おもしろいことや楽しいことを独占せず、積極的に他の人にもシェアしよう。

　取り分が少なくなる？　それは目先のこと。みんなと分かち合うことで、将来的にリスクは小さく、利益は大きくなってゆく。「あなただけの楽園」ではなく、みんなが自分にとっての楽園と感じられるようになれば、いろんな人が維持に協力してくれるようになり、その楽園は、持続可能な、サステナブルなものになっていくだろう。

　そして何より、あなたもさまざまな人からいい影響を受け、自然と変化していける。「楽園を共有すること」は誰かのためじゃない。あなた自身の可能性をきっと広げてくれるはずだ。

自分の感覚を信じ
自分の道を行く

サルバドール・ダリ
Salvador Dali

1904 年 5 月 11 日生まれ
芸術家

シュルレアリスム（これまでの常識にとらわれない芸術）の代表的アーティスト。　6歳から絵を描きはじめ、印象派、点描派、キュビズムといった当時の最新の芸術を学び、フロイトの精神分析などもたしなむ。「夢と心の奥の欲望」をあばきだすことをテーマにした絵画を発表し、「記憶の固執」などの代表作を生み出した。彫刻、版画、ロゴデザインや映画制作など多岐にわたって活動。愛妻家としても知られている。

諸橋近代美術館
https://dali.jp/collection/dali.php

TAURUS

BELIEVE IN YOUR HEART MOVED.

EPILOGUE

牡牛座が後悔なく生きるために

牡牛座が一歩を踏み出すために、
やりたいことを見つけるために、
迷いを吹っ切るために、
自分に自信を持つために、
新しい自分に変わるための指針。

美しくて、優しくて、心地よい、
五感をフルに満たしてくれる空間。
あなたが想像し、
求める「本当の贅沢」は
どこまでも広がっていく。

みんなが満足したとしても、
あなただけはなかなか満足しない。
つねに「いまの理想の状態」があり、
その状態を手に入れるまで、
あなたはがまんできないはずだ。

欲求に忠実に動こう。
牡牛座のまっすぐな行動を見て、
周囲ははじめて
「自分たちががまんしていた」ことに
気づくことができるのだから。

「自分勝手な人間」だと思われるだろうか。
心配は無用だ。
自分勝手に動くあなたを
周囲は見放したり、悪い感情を持つことはない。
むしろ嘘偽りなく行動し、
人間本来の姿を見せてくれるあなたに対し、
愛着を持ち、敬意を払うだろう。

欲求が強い。
昨日も明日も無視して、
「いま」「ここ」を重要視する。
だからこそ自分の理想の状態を、
手に入れるパワーは誰よりも強い。

一歩でも半歩でもいいから、
もっといいもの、もっと心地よいもの.に
近づいていこう。
頭ではなく身体が求めているほうに
向かっていけば、きっとその選択は正しい。

不快なものは何か、
引っかかっていることは何か。
無理な状態を維持していないだろうか。

みんなが無視している
「違和感」にいち早く気づいて、
修正できるのが牡牛座の力。

自分の肌感覚を大切にしよう。

どれだけ小さくてもいい。
あなたが思い描いている秘密の楽園を、
いつかこの世界に実現させよう。

あなたが、
あなたのために求めた理想が、
多くの人にとっての助けになるのだから。

牡牛座はこの期間に生まれました。

誕生星座というのは、生まれたときに太陽が入っていた星座のこと。
太陽が牡牛座に入っていた以下の期間に生まれた人が牡牛座です。
厳密には太陽の動きによって、星座の境界は年によって1～2日変動しますので、
生まれた年の期間を確認してください。(これ以前は牡羊座、これ以後は双子座です)

生まれた年	期間（日本時間）	生まれた年	期間（日本時間）
1936	04/20 15:31 ～ 05/21 15:06	1980	04/20 07:22 ～ 05/21 06:41
1937	04/20 21:19 ～ 05/21 20:56	1981	04/20 13:18 ～ 05/21 12:38
1938	04/21 03:14 ～ 05/22 02:49	1982	04/20 19:07 ～ 05/21 18:21
1939	04/21 08:55 ～ 05/22 08:25	1983	04/21 00:50 ～ 05/22 00:05
1940	04/20 14:50 ～ 05/21 14:21	1984	04/20 06:38 ～ 05/21 05:56
1941	04/20 20:50 ～ 05/21 20:21	1985	04/20 12:25 ～ 05/21 11:44
1942	04/21 02:39 ～ 05/22 02:07	1986	04/20 18:12 ～ 05/21 17:26
1943	04/21 08:31 ～ 05/22 08:01	1987	04/20 23:57 ～ 05/21 23:09
1944	04/20 14:17 ～ 05/21 13:49	1988	04/20 05:44 ～ 05/21 04:55
1945	04/20 20:06 ～ 05/21 19:39	1989	04/20 11:38 ～ 05/21 10:52
1946	04/21 02:02 ～ 05/22 01:32	1990	04/20 17:26 ～ 05/21 16:36
1947	04/21 07:39 ～ 05/22 07:07	1991	04/20 23:08 ～ 05/21 22:19
1948	04/20 13:24 ～ 05/21 13:56	1992	04/20 04:56 ～ 05/21 04:11
1949	04/20 20:17 ～ 05/21 19:49	1993	04/20 10:48 ～ 05/21 10:00
1950	04/21 00:59 ～ 05/22 01:26	1994	04/20 16:35 ～ 05/21 15:47
1951	04/21 06:48 ～ 05/22 07:14	1995	04/20 22:21 ～ 05/21 21:33
1952	04/20 12:36 ～ 05/21 12:02	1996	04/20 04:09 ～ 05/21 03:22
1953	04/20 18:25 ～ 05/21 17:51	1997	04/20 10:02 ～ 05/21 09:16
1954	04/21 00:19 ～ 05/21 23:46	1998	04/20 15:56 ～ 05/21 15:04
1955	04/21 05:57 ～ 05/22 05:23	1999	04/20 21:45 ～ 05/21 20:51
1956	04/20 11:43 ～ 05/21 11:11	2000	04/20 03:39 ～ 05/21 02:48
1957	04/20 17:41 ～ 05/21 17:09	2001	04/20 09:35 ～ 05/21 08:43
1958	04/20 23:26 ～ 05/21 22:50	2002	04/20 15:20 ～ 05/21 14:28
1959	04/21 05:16 ～ 05/22 04:41	2003	04/20 21:02 ～ 05/21 20:11
1960	04/20 11:05 ～ 05/21 10:32	2004	04/20 02:50 ～ 05/21 01:58
1961	04/20 16:55 ～ 05/21 16:21	2005	04/20 08:37 ～ 05/21 07:46
1962	04/20 22:50 ～ 05/21 22:15	2006	04/20 14:26 ～ 05/21 13:30
1963	04/21 04:36 ～ 05/22 03:57	2007	04/20 20:07 ～ 05/21 19:10
1964	04/20 10:27 ～ 05/21 09:48	2008	04/20 01:51 ～ 05/21 00:59
1965	04/20 16:26 ～ 05/21 15:49	2009	04/20 07:44 ～ 05/21 06:50
1966	04/20 22:11 ～ 05/21 21:31	2010	04/20 13:29 ～ 05/21 12:32
1967	04/21 03:55 ～ 05/22 03:16	2011	04/20 19:17 ～ 05/21 18:20
1968	04/20 09:41 ～ 05/21 09:04	2012	04/20 01:12 ～ 05/21 00:14
1969	04/20 15:26 ～ 05/21 14:48	2013	04/20 07:03 ～ 05/21 06:08
1970	04/20 21:14 ～ 05/21 20:36	2014	04/20 12:55 ～ 05/21 11:58
1971	04/21 02:54 ～ 05/22 02:13	2015	04/20 18:41 ～ 05/21 17:43
1972	04/20 08:37 ～ 05/21 07:58	2016	04/20 00:29 ～ 05/20 23:35
1973	04/20 14:30 ～ 05/21 13:52	2017	04/20 06:27 ～ 05/21 05:29
1974	04/20 20:18 ～ 05/21 19:35	2018	04/20 12:12 ～ 05/21 11:13
1975	04/21 02:07 ～ 05/22 01:22	2019	04/20 17:55 ～ 05/21 16:58
1976	04/20 08:02 ～ 05/21 07:20	2020	04/19 23:45 ～ 05/20 22:48
1977	04/20 13:57 ～ 05/21 13:13	2021	04/20 05:33 ～ 05/21 04:36
1978	04/20 19:49 ～ 05/21 19:07	2022	04/20 11:24 ～ 05/21 10:21
1979	04/21 01:35 ～ 05/22 00:52	2023	04/20 17:13 ～ 05/21 16:08

※秒数は切り捨てています

著者プロフィール

鏡リュウジ
Ryuji Kagami

1968 年、京都生まれ。
心理占星術研究家・翻訳家。国際基督教大学卒業、同大学院修士課程修了（比較
文化）。高校時代より、星占い記事を執筆するなど活躍。心理学的アプローチをま
じえた占星術を日本で紹介することによって、占いマニア以外の人にも幅広くアピー
ルすることに成功。占星術の第一人者としての地位を確たるものとし、一般女性誌
の占い特集では欠くことのできない存在となる。また、大学で教鞭をとるなど、アカ
デミックな世界での占星術の紹介にも積極的。
英国占星術協会会員、日本トランスパーソナル学会理事、平安女学院大学客員教授、
京都文教大学客員教授などを務める。

参考文献

●Modeste Tchaikovsky『The Life & Letters of Peter Ilich Tchaikovsky』University Press of
the Pacific　2004 年
●ウィトゲンシュタイン（著）野矢茂樹（訳）『論理哲学論考』岩波書店　2003 年

心の震えを信じろ
牡牛座の君へ贈る言葉

2023 年 1 月 15 日　初版発行

著者　鏡リュウジ

写真　Getty Images
デザイン　井上新八
構成　ホシヨミ文庫
太陽の運行表提供　Astrodienst / astro.com
広報　岩田梨恵子
営業　市川聡／二瓶義基
制作　成田夕子
編集　奥野日奈子／松本幸樹

発行者　鶴巻謙介
発行・発売　サンクチュアリ出版
〒 113-0023　東京都文京区向丘 2-14-9
TEL 03-5834-2507　FAX 03-5834-2508
https://www.sanctuarybooks.jp
info@sanctuarybooks.jp

印刷・製本　中央精版印刷株式会社

©Ryuji Kagami 2023 PRINTED IN JAPAN

本書は、2013 年 1 月に弊社より刊行された『牡牛座の君へ』の本旨を踏襲し、
生活様式の変化や 200 年に一度の星の動きに合わせて全文リニューアルした
ものです。